CARMELA DE ROSA

TECNICHE DI MEDIAZIONE

Usare la Mediazione come Strumento Alternativo alla Risoluzione delle Controversie Civili e Commerciali

Titolo

"TECNICHE DI MEDIAZIONE"

Autore

Carmela De Rosa

Editore

Bruno Editore

Sito internet

http://www.brunoeditore.it

Sommario

Introduzione

Nel nostro paese si sente parlare spesso delle problematiche relative alla gestione dei conflitti e di tutto ciò che ne deriva a livello pratico. Un conflitto genera un'assenza di comunicazione tra le parti e un comportamento che le porta ad assumere delle "posizioni" fisse e immutabili che solitamente si configurano nelle dinamiche relazionali di "torto o ragione", di "vincita o perdita" o ancora di "forte o debole". Noi non abbiamo una cultura che ci consenta di affrontare i conflitti con uno spirito conciliativo.

L'ADR (*Alternative Resolution Dispute*), la cosiddetta Risoluzione Alternativa delle Controversie, è molto presente nei paesi anglosassoni e negli Stati Uniti d'America e, dati alla mano, ha dimostrato quanto il sistema che applica tale metodologia sia più efficiente. Noi ragioniamo quasi sempre in termini di vincita/perdita e torto/ragione e, non riuscendo a uscire al di fuori di questi schemi comportamentali, agiamo nella maggioranza dei casi rivolgendoci a un legale per chiedere assistenza e intraprendere un giudizio in tribunale.

Il rapporto CEPEJ 2010 dice che, su trentotto paesi censiti, l'Italia è al quarto posto in Europa per grado di litigiosità. Nei tribunali l'arretrato da smaltire, secondo i dati al 30/6/2011, è pari a quasi nove milioni di processi, di cui 5,5 milioni per il civile e 3,4 milioni per il penale. I tempi di definizione dei processi sono in media di sette anni e tre mesi per il civile e quattro anni e nove mesi per il penale (relazione sull'amministrazione della giustizia presentata a Camera e Senato il 17/1/2011 dal Ministro della Giustizia Paola Severino).

A questa condizione corrisponde un ulteriore aggravamento della situazione, causato dal numero sempre crescente di cause intraprese dai cittadini per ottenere un indennizzo, a seguito della "ritardata giustizia", passato dalle 3580 richieste del 2003 alle 49.596 del 2010. Ancora il Ministro Paola Severino sottolinea il dato fornito dalla Banca d'Italia nel 2011, secondo cui il grado di inefficienza della giustizia italiana può essere misurata in termini economici pari all'1% del Prodotto Interno Lordo. Infine nel rapporto *Doing Business 2010*, nella categoria *Enforcing Contracts*, l'Italia si classifica al posto n. 157 su 183 paesi censiti, con un tempo per il recupero del credito commerciale stimato intorno ai 1210 giorni a fronte, ad esempio, dei 331 della Francia o dei 394 della Germania. Giustizia ed economia sono profondamente intrecciate: un'inefficienza della giustizia rallenta lo sviluppo economico e non attrae investitori stranieri.

In questo panorama si inserisce la mediazione come strumento alternativo alla risoluzione delle controversie civili e commerciali, introdotta con il D.Lgs. 28/2010 che rende obbligatorio il tentativo di conciliazione in dodici materie a partire da marzo 2011. Nei primi otto mesi sono state registrate 53.000 mediazioni e nei casi in cui sono presenti entrambe le parti, si registra il 60% di successo e la mediazione diventa *conciliazione*, con soddisfacimento di entrambe le parti e soprattutto nel tempo massimo di quattro mesi dalla presentazione della domanda di mediazione.

S'intuisce l'importanza della mediazione nel panorama della giustizia italiana e diventa quanto mai necessario impadronirsi delle tecniche di mediazione che possano condurre a risultati positivi e soddisfacenti. Scopo di questo corso è accompagnare il lettore, passo per passo, all'apprendimento delle tecniche di negoziazione e di conciliazione, oltre che fornire tutti gli strumenti necessari e pratici per diventare un eccellente mediatore/conciliatore professionista.

CAPITOLO 1:
Come si è arrivati alla mediazione e cosa essa rappresenta

Il D.Lgs. 28/2010 del 4/3/2010, entrato in vigore il 20/3/2010, introduce nel nostro paese la *mediazione obbligatoria*: essa è «l'attività, comunque denominata, svolta da un terzo imparziale e finalizzata ad assistere due o più soggetti sia nella ricerca di un accordo amichevole per la composizione di una controversia, sia nella formulazione di una proposta per la risoluzione della stessa» (art. 1 D.M. 180/2010). S'intende invece per *conciliazione*, sempre secondo il D.Lgs. 28/2010, «la composizione di una controversia a seguito dello svolgimento della mediazione» (art. 1 D.M. 180/2010).

Poniamo quindi innanzitutto l'accento sulla diversa valenza dei due termini con i quali dovremo familiarizzare: la mediazione rappresenta il *procedimento*, la conciliazione rappresenta il *risultato*. Il risultato rappresenta il nostro *focus*, l'obiettivo verso il quale dobbiamo sempre tendere una volta affinate le tecniche del procedimento.

SEGRETO n. 1: La mediazione è l'attività di assistenza svolta da un terzo per la ricerca e la formulazione di un accordo. La mediazione è il procedimento, la conciliazione è il risultato positivo sintetizzato in un verbale di accordo.

Il nostro paese (insieme alla Romania e alla Bulgaria) è il terzo, e uno dei pochi del mondo, ad aver necessitato dell'introduzione, da parte del legislatore, dell'obbligatorietà dell'istituto della mediazione. Questo per due motivi. Il primo è di natura squisitamente culturale, da noi è preminente lo schema *win-lose* rispetto al *win-win.* Siamo un popolo abituato alle contese, alla competizione, alle imposizioni e non applichiamo, neanche nel quotidiano, le tecniche di negoziazione o di risoluzione alternativa delle dispute (ADR). Ricordo che nell'Unione Europea, su trentotto paesi, siamo al quarto posto per grado di litigiosità.

Il secondo è di natura pratica: i nostri tribunali sono letteralmente intasati dalle pratiche di procedimento civile. Ci sono, soltanto per il civile, cinque milioni e mezzo di cause in attesa di giudizio, con procedimenti in atto. La durata media di un procedimento è di oltre sette anni e può arrivare anche a quindici. Spesso il risarcimento economico riconosciuto alla parte che "vince" il giudizio è inferiore alle spese legali sostenute per il procedimento. Assolutamente controproducente è, sia in termini economici sia in termini di stress, oltre che surreale, vedere spesso la fine del procedimento in vecchiaia.

Non parliamo poi dei giudizi in materia di successione che, visti gli elevati termini conflittuali, si chiudono dopo anni di litigi, con insoddisfazione da parte di tutti e con inasprimento del conflitto che coinvolge le intere reti parentali (genitori, figli, fratelli, nipoti). Naturalmente, in questo panorama, il nostro paese si configura anche come uno dei peggiori investimenti che un partner straniero possa intraprendere.

SEGRETO n. 2: La mediazione obbligatoria è stata resa necessaria dalla deflagrazione del sistema giuridico italiano e dalla necessità di diffondere una cultura che faccia diminuire il grado di litigiosità del nostro paese.

Dal 20 marzo 2011 chi, in merito a una controversia in una delle materie sotto elencate, intende agire in giudizio, deve preliminarmente esperire un procedimento di mediazione:

- diritti reali;
- divisione;
- successioni ereditarie;
- patti di famiglia;
- locazione;
- comodato;
- affitto di azienda;
- risarcimento danni derivante da responsabilità medica;
- risarcimento danni derivante da diffamazione a mezzo stampa o con altro mezzo di pubblicità;
- contratti assicurativi;
- contratti bancari e finanziari;
- condominio;
- risarcimento danni derivanti dalla circolazione di veicoli e natanti.

Nel confronto con altri paesi omogenei per dimensione, grado di sviluppo economico e caratteristiche dei sistemi legali, l'Italia ha un tasso di litigiosità più alto. Si è spinti ad andare in tribunale, perché non c'è la cultura della negoziazione: si cerca di perseverare in un rapporto di forza in cui un soggetto va a cercare la vittoria su un altro ed è disposto a pagare anche cifre molto alte, purché sia soddisfatta la voglia di rivalsa e di vincita, perdendo spesso di vista le motivazioni oggettive del conflitto.

Il tipo di realtà in cui viviamo ha in qualche modo creato le condizioni oggettive grazie alle quali le parti possono trovarsi facilmente in conflitto; di fatto è prevedibile che assisteremo a una "domanda" di conflittualità sempre maggiore, che deve essere per forza indirizzata a territori che siano diversi da quelli di un'aula di tribunale. I principi della negoziazione appartengono invece alla cultura di alcune società. In Cina, ad esempio, il diritto era considerato esclusivamente un mezzo per tutelarsi dagli stranieri e dai criminali. La cultura del Confucianesimo prevedeva la preminenza del governo esercitato da un uomo su quella del diritto/sistema di leggi.

Sicuramente l'istituto della mediazione, così come appare oggi, ha origini nel mondo anglosassone e ha avuto una grande diffusione negli Stati Uniti d'America nel decennio 1970-1980, a causa della cosiddetta "deflagrazione" delle cause civili che proprio in quel decennio si erano quadruplicate. Nello stesso tempo era aumentato in numero esagerato il numero degli avvocati (stessa situazione che viviamo oggi in Italia). Le ADR (*Alternative Resolution Dispute*) ebbero, nella loro applicazione in America, un grande successo, con elevate percentuali di accordi raggiunti e interessanti prospettive di business per chi intraprendeva la professione di mediatore.

In questo clima, considerato il successo delle applicazioni delle ADR in America, in Europa ci sono stati interventi legislativi che proponevano di risolvere i conflitti seguendo il modello che aveva avuto successo nei paesi anglosassoni e in America, e individuando interventi e procedimenti che potessero essere replicati anche nella nostra realtà.

Dopo numerosi emendamenti, il 21 maggio del 2008 fu promulgata la direttiva 2008/52/CE del Parlamento Europeo e del Consiglio, relativa a determinati aspetti della mediazione, e fu pubblicata sulla Gazzetta Ufficiale dell'Unione Europea il

24/5/2008. Essa fa salva la legislazione nazionale che ritenga di dover rendere obbligatorio (è il caso dell'Italia) il ricorso alla mediazione, anche introducendo incentivi e/o sanzioni (è sempre il caso dell'Italia) **solo se** tale legislazione non impedisce comunque alle parti **il diritto di accedere al sistema giudiziario tradizionale**.

SEGRETO n. 3: La mediazione obbligatoria in tredici materie, che riguardano l'80% delle cause civili, non è un'alternativa alla giustizia tradizionale e non preclude il diritto di accedere al sistema giudiziario tradizionale.

La riduzione dei tempi del procedimento può essere considerata uno dei punti di forza dell'istituto della mediazione. Infatti dalla presentazione dell'istanza di mediazione alla chiusura del procedimento con esito positivo o negativo, devono intercorrere al massimo quattro mesi. Al contrario, la durata media di un processo civile è, come abbiamo visto, sette anni e tre mesi, e al Sud questa media sale addirittura a nove anni.

Il rapporto Doing Business della World Bank per il 2010 ha

evidenziato come in Italia, per completare un procedimento di recupero crediti, siano necessari 1210 giorni contro i 515 della Spagna, i 406 della Cina, i 399 dell'Inghilterra, i 394 della Germania, i 331 della Francia e infine i 300 degli USA.

L'esperienza nel campo della gestione dei conflitti, oltre agli studi effettuati in questo settore, conducono a una considerazione sull'importanza del *fattore tempo* nella risoluzione di un conflitto. Una controversia va risolta quanto prima possibile: più passa il tempo, più si dimenticano le ragioni reali del conflitto e maggiore è il rischio che il nostro cervello elabori storie complesse, a volte anche immaginarie, a supporto di quelle che diventano poi delle posizioni di principio dalle quali è difficile distaccarsi.

Nel 2007 è stato istituito, presso il Ministero di Grazia e Giustizia, il primo Registro degli Organismi di Mediazione, che in quella fase non aveva ancora vincolo di obbligatorietà. Nel 65% dei casi il numero dei procedimenti presentati in mediazione è molto basso, ma un dato importantissimo che sottolineo è che, di questi procedimenti, l'80% ha avuto successo, in un momento in cui la mediazione era facoltativa e non obbligatoria come oggi.

L'esperienza maturata in questi quattro anni ha dimostrato che la mediazione può funzionare bene a patto che:

- le parti siano entrambe motivate;
- il procedimento della mediazione sia svolto da un professionista, appositamente preparato e formato.

Il legislatore italiano ha emanato norme che sono tra le più incentivanti in termini di propulsione verso le ADR. Tra gli elementi propulsivi bisogna sicuramente sottolineare i seguenti:

- l'obbligatorietà di procedere in via preliminare alla mediazione in tredici materie: condominio (da marzo 2012 a seguito Decreto Milleproroghe), diritti reali, divisione, successioni ereditarie, patti di famiglia, locazione, comodato, affitto di azienda, risarcimento danni derivante da circolazione di veicoli e natanti (partito a marzo 2012 a seguito Decreto Milleproroghe), risarcimento danni da responsabilità medica, diffamazione a mezzo stampa o altro mezzo pubblicitario, contratti assicurativi, bancari e finanziari;
- l'applicazione di sanzioni, in caso di mancata accettazione della proposta conciliativa o di mancata partecipazione;
- incentivi fiscali ed economici per le parti che ricorrono alla

mediazione;

- il dovere da parte dell'avvocato di dare informazione scritta al proprio cliente circa l'obbligatorietà della mediazione, pena l'annullabilità del patrocinio. Infine al mediatore italiano è riconosciuto il potere di formulare una proposta di mediazione anche di sua iniziativa, allo scopo di convincere la parte recalcitrante ad accettare l'accordo proposto, se si vuole evitare il rischio di subire una condanna alle spese di giudizio che seguirà a seguito della fallita mediazione.

Ma la velocità del procedimento è forse l'elemento propulsivo più importante: trascorrono al massimo quattro mesi dalla presentazione della domanda, ma i dati Unioncamere parlano in termini ancora più precisi e stimano che in media un tentativo di mediazione ha una durata temporale di circa sessanta giorni. L'idea di fondo della mediazione non è quella di sminuire il concetto di centralità della giurisdizione per la tutela del diritto, bensì quella di *passare prima* attraverso una sorta di procedimento snello e privo di formalità, ma soprattutto veloce per cercare di risolvere in via preliminare conflitti che solo in un secondo momento possono essere portati in giudizio. Altro elemento propulsivo importante nella mediazione è la *prevedibilità dei costi*, oltre che il loro *contenimento* rispetto alle spese di un procedimento giudiziale tradizionale.

Ogni organismo di mediazione ha una tabella prevista dal D.Lgs. 180/2010 che prevede una spesa variabile in base al valore della controversia. La parte attivante la procedura di mediazione verserà al momento del deposito della domanda soltanto una quota di 40 euro, quale quota fissa dei cosiddetti diritti di segreteria, e in un secondo momento integrerà con l'importo previsto dalla tabella, soltanto se la parte chiamata in mediazione aderirà al procedimento. In ogni caso i costi sono comunque contenuti rispetto a quelli di un giudizio tradizionale, ma diventano particolarmente appetibili proprio per quelle questioni il cui risarcimento danni è di piccola entità e non renderebbe conveniente l'avvio di una causa e la nomina di un legale.

SEGRETO n. 4: I punti di forza della mediazione sono la velocità del procedimento; l'obbligatorietà per l'80% delle cause civili; le sanzioni in caso di mancata accettazione della proposta o di assenza al procedimento; la prevedibilità e il

contenimento dei costi; gli incentivi fiscali ed economici per i partecipanti alla mediazione.

Bisogna prepararsi ad affrontare una profonda modifica del concetto di giurisprudenza in senso tradizionale. La potenza della mediazione si manifesterà proprio nei procedimenti di piccole entità, in quelle procedure che richiedono di essere risarcite con piccole somme che non consentono l'assistenza di un legale, proprio per gli elevati costi dell'assistenza di un professionista. Gli organismi di conciliazione offriranno a prezzi bassi la possibilità di ottenere in tempi molto brevi un risarcimento danni. Ad esempio, tanto per dare un valore, un danno risarcibile sino a 1000 euro ha costi di mediazione pari a 65 euro per parte.

L'istituto della mediazione obbligatoria è partito da fine marzo 2010 e ha incluso nelle procedure previste per legge circa l'80% delle cause civili. In otto mesi sono state avviate 53.000 domande di conciliazione a fronte del milione di procedimenti attesi. La categoria degli avvocati ha ovviamente osteggiato l'introduzione di questo istituto nel nostro sistema, rallentandone la partenza. Molti procedimenti giacciono "nei cassetti" degli studi professionali in attesa che la Corte di Cassazione si pronunci circa l'incostituzionalità della legge.

È prevedibile che avremo un affollamento degli organismi di mediazione, una volta risolte dal legislatore tutte le problematiche poste dal mondo della giurisprudenza classica. Sicuramente in una prima fase, nello svolgimento di un procedimento di mediazione, il cittadino medio si sentirà confortato dalla presenza di un legale di fiducia. Ed è prevedibile che, in una fase successiva, come già avviene negli altri paesi, una volta che tale procedura sarà entrata nella consuetudine, assisteremo, soprattutto per quelle controversie che richiedono un risarcimento danni di modesta entità (fino a cinquemila euro), alla possibilità che lo stesso cittadino si presenti in Camera di Conciliazione, senza sentire la necessità di essere assistito da un legale.

Questa sarà la vera "rivoluzione", e il mediatore/conciliatore sarà a tutti gli effetti il facilitatore delle questioni, il terzo imparziale che, senza emettere giudizi o sentenze, aiuterà le parti a trovare una soluzione che soddisfi parte proponente e parte aderente.

SEGRETO n. 5: Il mediatore è il facilitatore delle questioni, è la figura alternativa al giudice. La facilità di accesso e il contenimento dei costi lasciano prevedere un enorme sviluppo dell'istituto della mediazione.

RIEPILOGO DEL CAPITOLO 1:

- SEGRETO n. 1: La mediazione è l'attività di assistenza svolta da un terzo per la ricerca e la formulazione di un accordo. La mediazione è il procedimento, la conciliazione è il risultato positivo sintetizzato in un verbale di accordo.
- SEGRETO n. 2: La mediazione obbligatoria è stata resa necessaria dalla deflagrazione del sistema giuridico italiano e dalla necessità di diffondere una cultura che faccia diminuire il grado di litigiosità del nostro paese.
- SEGRETO n. 3: La mediazione obbligatoria in tredici materie, che riguardano l'80% delle cause civili, non è un'alternativa alla giustizia tradizionale e non preclude il diritto di accedere al sistema giudiziario tradizionale.
- SEGRETO n. 4: I punti di forza della mediazione sono la velocità del procedimento; l'obbligatorietà per l'80% delle cause civili; le sanzioni in caso di mancata accettazione della proposta o di assenza al procedimento; la prevedibilità e il contenimento dei costi; gli incentivi fiscali ed economici per i partecipanti alla mediazione.

- SEGRETO n. 5: Il mediatore è il facilitatore delle questioni, è la figura alternativa al giudice. La facilità di accesso e il contenimento dei costi lasciano prevedere un enorme sviluppo dell'istituto della mediazione.

CAPITOLO 2:
Come mediare con la comunicazione strategica

La comunicazione efficiente, ossia quella che chiameremo comunicazione strategica, che viene condotta in modo consapevole e professionale, è il vero elemento di forza per la riuscita di una mediazione.

Occorre riflettere anzitutto sul fatto che, in un conflitto, c'è una mancanza di comunicazione tra le parti, è come se le parole e i termini della questione sottesa al conflitto in essere scorressero su canali di comunicazione paralleli che possono proseguire all'infinito, senza incontrarsi e confrontarsi mai. Il mediatore può essere visto come il terzo imparziale che interrompe questo processo sterile che conduce solo a inutili monologhi. Immaginate due persone che parlano due lingue straniere diverse, ed essendo senza traduttore non riescono a comunicare e a comprendere quello che vogliono e che, per questo problema di comunicazione, entrano in conflitto ed elevano i toni dello scontro.

Gli esperti di comunicazione strategica sanno che gli assunti importanti, in un processo di trasmissione di un messaggio tra interlocutori diversi, sono i seguenti:

- la mappa non è il territorio;
- il significato della comunicazione sta nel responso e non nelle intenzioni.

Con il primo assunto vogliamo dire che in una qualsiasi comunicazione con un'altra o più persone, dobbiamo tener conto che le singole parti che agiscono in una relazione posseggono una mappa mentale che è unica, frutto delle esperienze personali e delle conoscenze proprie, ed è influenzata dalla cultura (nel senso antropologico di concezione del mondo e della vita) del proprio ambiente.

È un'elaborazione strettamente personale e unica della realtà, così come noi l'abbiamo introiettata e interpretata. Pertanto bisogna partire dal presupposto che la nostra mappa mentale non è uguale a quella del nostro interlocutore e che i predicati verbali che utilizziamo in una conversazione, nonché i concetti espressi in una comunicazione, non hanno lo stesso significato per tutti.

Questa è la prima difficoltà della quale tenere conto; lo stesso fatto oggettivo può essere interpretato in maniera completamente differente dai diversi interlocutori, perché differenti sono le mappe mentali.

Il secondo assunto afferma che il significato della comunicazione non è insito in ciò che diciamo, ma in quello che è il responso, ossia il significato che assume per ognuno di noi. Non sono le nostre intenzioni che contano, ma ciò che arriva all'altro. A volte pensiamo di essere stati molto chiari nell'esposizione dei fatti perché abbiamo usato a nostro parere predicati chiari, specifici e univoci. Ma non teniamo conto del paraverbale che abbiamo usato, non teniamo conto del linguaggio del corpo e soprattutto non teniamo conto della mappa mentale del nostro interlocutore, per cui nel ritenere di essere stati chiari, precisi ed esaurienti, in realtà dobbiamo considerare che il ricevente potrebbe aver interpretato il nostro messaggio in maniera completamente diversa. Se riusciamo ad avere bene in mente questi semplici concetti, abbiamo sicuramente delle potenzialità enormi rispetto a chi non è consapevole di queste dinamiche della comunicazione.

SEGRETO n. 6: Il mediatore sa che, soprattutto nel procedimento di mediazione, occorre far comunicare le persone tra di loro. È consapevole che ogni persona ha una sua mappa mentale e che il significato della comunicazione sta nel responso e non nelle intenzioni.

Il ruolo del mediatore è di fondamentale importanza: egli ha la chiave giusta per aprire le porte di una comunicazione strategica, consapevole ed efficiente; deve riassumere, riepilogare, decodificare, interpretare e restituire in maniera neutrale un flusso di comunicazione, assicurandosi che i messaggi siano stati recepiti secondo le intenzioni ed esplicitati in base a una mappa mentale che concordi nel significato e nella narrazione dei fatti. Ruolo non facile, complesso, ma molto affascinante e gratificante. Grazie alla comunicazione, le parti hanno la possibilità di esprimere le proprie idee in merito al conflitto.

Nella composizione di un conflitto, occorre tener conto delle difficoltà che incontrano le comunicazioni. I messaggi verbali subiscono tre processi che schematicamente possono essere spiegati nel seguente modo:

- un messaggio è ricevuto;
- un messaggio è interpretato;
- un messaggio deve essere assimilato.

Diverse ricerche sottolineano, che fatto 100 quello che vogliamo dire, succede che:

- diciamo il 70% di quello che pensiamo;
- l'interlocutore sente il 40% di quello che diciamo;
- l'interlocutore capisce il 20% di quello che diciamo;
- l'interlocutore ricorda il 10% di quello che ha capito.

Si capisce che è importante saper comunicare, si capisce quanto è importante che un mediatore conosca le dinamiche del processo di comunicazione, che ne sia consapevole e che le utilizzi in maniera efficace e strategica. Una comunicazione efficace, strategica e consapevole deve tener conto del fatto che esistono tre livelli di comunicazione:

- verbale;
- paraverbale;
- non verbale.

Il livello *verbale* attiene alle parole, alle nozioni, ai concetti. Ha un'importanza notevole nelle comunicazioni di tipo accademico, nozionistiche e tecniche.

Il *paraverbale* è il livello di comunicazione che attiene al timbro di voce, al volume, al tono, alla velocità. Ha una sua importanza perché può trasmettere, attraverso l'utilizzo di uno dei suoi indicatori, messaggi sintonici o distonici con gli altri livelli della comunicazione (verbale e non verbale). S'immagini, ad esempio, l'utilizzo di un paraverbale tremulo o di un tono acuto in una persona che invece, secondo il suo ruolo dovrebbe trasmettere autorità o tranquillità (è proprio il caso del mediatore professionista). S'immagini anche un paraverbale infarcito di inflessioni dialettali o che difetti nella pronuncia esatta delle parole, o nella loro scansione, e avremo un altro esempio di quanto possa essere incisivo questo livello di comunicazione nella trasmissione dei messaggi. Il mediatore deve utilizzare un paraverbale deciso, con toni rassicuranti e timbro autorevole. Una difficoltà di espressione del paraverbale potrebbe compromettere il procedimento di mediazione.

Il *non verbale* è il livello di comunicazione che attiene al linguaggio del corpo: la postura, la mimica facciale, la gestualità, il rilassamento o l'irrigidimento del corpo, sono segnali di grande impatto comunicativo. Dicono molto più di quanto crediamo.

Spesso siamo indotti a pensare che la comunicazione passi soltanto attraverso il verbale, e infatti scegliamo con cura le parole e proviamo fastidio quando l'altro non ci comprende nonostante riteniamo di essere particolarmente chiari e precisi con i termini, e non riusciamo a comprendere come sia possibile fraintendere il nostro verbale, le nostre parole. Ripetere il verbale è importante nelle situazioni di tipo accademico, ma nelle relazioni interpersonali, nelle dinamiche che interagiscono in un conflitto, il suo peso è veramente poco incisivo. Non sono i termini che usiamo a determinare il significato della nostra comunicazione, ma tutto l'insieme e l'utilizzo strategico dei tre livelli di comunicazione.

A volte faccio degli esempi ricordando ai miei discenti come l'utilizzo degli sms si presti a generare equivoci pazzeschi, provocando spesso conflitti e interpretazioni diverse. Infatti, per chiarire l'accezione che vogliamo dare a un termine, apparentemente univoco, spesso inseriamo negli stessi sms delle *emoticon*, simboli che in qualche modo aggiungono informazioni utilizzando un sistema di codici propri del paraverbale e del linguaggio del corpo (faccina sorridente, bacio, disgusto ecc.).

SEGRETO n. 7: Il mediatore comunica in maniera consapevole e strategica. Utilizza i tre livelli di comunicazione: verbale, paraverbale e non verbale, perché conosce il peso di ognuno.

Studi scientifici hanno dimostrato che in una comunicazione informale (non soggetta a schemi, libera, impulsiva), ossia in una comunicazione che in molti casi riguarda il 90% delle nostre relazioni, i tre livelli di comunicazione incidono nel seguente modo:

- 7% per la parte verbale;
- 38% per il paraverbale;
- 55% per la componente non verbale.

Di solito quando riflettiamo su tutto ciò, ci rendiamo conto di quanto possiamo essere comunicatori più o meno incisivi, più o meno strategici, più o meno efficaci. Quasi sempre curiamo molto il verbale, pensando erroneamente che le parole non si prestino a equivoci, e non facciamo attenzione al paraverbale. Applichiamo un controllo eccessivo alla gestualità e alla mimica facciale, ritenendo che una comunicazione sia tanto più efficace quanto più riusciamo a essere composti e controllati.

D'altra parte esiste un vero e proprio condizionamento sociale che ha fatto di noi gli esseri controllati che siamo. Basti pensare soltanto al fatto che, tanto per fare un esempio, i nostri insegnanti, fin da quando eravamo alunni delle scuole elementari, ci hanno imposto di essere composti, di stare fermi, di non alzare la voce, di non gesticolare, facendoci passare in sintesi il messaggio che una buona comunicazione è quella che utilizza termini appropriati, forbiti e ricercati, una comunicazione nella quale è importante soltanto il verbale.

Un utilizzo consapevole e strategico dei tre livelli di comunicazione, una volta che abbiamo recepito, facendo nostra, l'importanza e l'esistenza dei tre livelli di comunicazione, fa la differenza tra noi e gli altri, che continuano a comunicare in maniera spontanea e non consapevole.

Un altro elemento di fondamentale importanza è l'armonia tra i tre livelli di comunicazione: essi devono essere in sintonia tra di loro e non distonici. La sintonia crea empatia, apre il canale di comunicazione. La distonia, al contrario, crea scontro, chiusura, disturbo. Immaginate, tanto per fare un esempio, una persona che, mentre state usando un tono di voce basso, vi risponda con tono alto e ritmo veloce. D'istinto cercherete di allontanarvi dalla comunicazione o considererete il vostro interlocutore troppo diverso da voi e quindi non presterete attenzione alla sua comunicazione verbale.

Viceversa, "calibrare" la propria comunicazione su quella del nostro interlocutore, cercare di modulare la propria voce con quella della persona con cui ci relazioniamo, crea un clima di fiducia e di apertura dei canali di comunicazione. Allo stesso modo dobbiamo riuscire noi stessi a trovare l'armonia tra i tre livelli di comunicazione. Ad esempio, non è verosimile esprimere un complimento o un apprezzamento utilizzando un tono alto o acuto o rabbioso e con una mimica facciale rigida.

A volte per considerare l'impatto dei tre livelli di comunicazione suggerisco di immaginare una scena che avviene dietro la vetrina di un bar, nel quale sono sedute a un tavolino due persone che possiamo soltanto guardare attraverso il vetro. Pur non ascoltando verbale e paraverbale, il linguaggio del corpo ci dice, da solo, il tipo di rapporto che essi hanno, e probabilmente ci lascia anche intuire l'argomento della loro conversazione. Faccio anche immaginare quanto sia importante il paraverbale nelle comunicazioni in cui ci viene impedito di vedere una persona. Pensiamo ad esempio alle *hotline* telefoniche e all'uso strategico che se ne fa per vendere un prodotto che non esiste e che può essere completamente diverso rispetto alla nostra percezione immaginaria.

Altre volte, in aula, faccio intervenire i singoli discenti e chiedo loro di presentarsi senza uno schema prefissato, uscendo al di fuori delle esposizioni di tipo professionale. Anche le persone più sicure, più determinate, più adulte, di fronte a una comunicazione senza schemi prefissati (come spesso accade nella mediazione) mostrano debolezze nel paraverbale, che spesso fanno trasparire insicurezza, paura, timidezza, mancanza di controllo.

Uno degli esercizi che suggerisco consiste nel porsi davanti a una telecamera, parlare senza schemi, osservarsi e ascoltarsi. Occorre in sintesi diventare più coscienti dell'intera dinamica della comunicazione, fare attenzione ai microsegnali del corpo e ai *lem,* microsegnali oculari studiati dagli esperti del linguaggio del corpo che, ad esempio, riescono a dirci se una persona attinge alla sfera del ricordo o a quella dell'immaginazione.

Bisogna ottenere la massima congruenza nella nostra comunicazione (stando bene attenti che i tre livelli di comunicazione siano in armonia tra di loro e si rafforzino l'uno con l'altro). Maggiore sarà il livello di congruenza raggiunto, tanto più forte ed efficace sarà il messaggio. La congruenza è sintonica e produce fiducia e senso di affidabilità, competenza, sicurezza. L'incongruenza produce distonia, sfiducia, falsità, superficialità, arroganza.

SEGRETO n. 8: Una comunicazione efficace e strategica deve essere sintonica e congruente. I tre livelli di comunicazione devono essere in armonia tra di loro. La sintonia crea fiducia, la distonia diffidenza.

RIEPILOGO DEL CAPITOLO 2:

- SEGRETO n. 6: Il mediatore sa che, soprattutto nel procedimento di mediazione, occorre far comunicare le persone tra di loro. È consapevole che ogni persona ha una sua mappa mentale e il significato della comunicazione sta nel responso e non nelle intenzioni.
- SEGRETO n. 7: Il mediatore comunica in maniera consapevole e strategica. Utilizza i tre livelli di comunicazione: verbale, paraverbale e non verbale, perché conosce il peso di ognuno.
- SEGRETO n. 8: Una comunicazione efficace e strategica deve essere sintonica e congruente. I tre livelli di comunicazione devono essere in armonia tra di loro. La sintonia crea fiducia, la distonia diffidenza.

CAPITOLO 3:
Com'è fatta la forma mentis del mediatore

Il legislatore, consentendo l'accesso alla professione di mediatore a tutti coloro che sono in possesso di una laurea almeno triennale o che, in alternativa, siano iscritti a un ordine professionale, purché siano stati appositamente formati (corso mediatori professionisti regolamentato dal Ministero della Giustizia), ha inteso dare un messaggio forte e chiaro circa il ruolo del mediatore. Il mediatore non deve, assolutamente, essere in possesso di una specifica preparazione giuridica, non è un avvocato né un esperto di finanza; piuttosto è:

- un esperto di tecniche di comunicazione;
- un esperto di tecniche di negoziazione e di mediazione.

Il suo ruolo consiste nel far comunicare le parti tra loro e nel far vincere la cultura della collaborazione a dispetto di quella del conflitto.

Il conciliatore può essere visto come una sorta di regista: il fascicolo del procedimento di mediazione rappresenta la sua sceneggiatura, la trama che deve mettere in scena. La parte istante e la parte convenuta, così come gli avvocati che sono presenti in loro rappresentanza e gli eventuali periti o consulenti tecnici, sono gli attori presenti sulla scena.

Il regista regolamenta le scene e dà il *ciak* alle parti. Interrompe quando la scena non segue il "copione della conciliazione" e, se necessario, dirige le parti in scene che prevedono la partecipazione congiunta degli attori o la presenza di uno solo per volta. Utilizza un linguaggio neutro e armonico, con verbale, paraverbale e non verbale in sintonia. Ha sempre un atteggiamento positivo. È un semplificatore delle questioni, come in un'espressione matematica contenente delle frazioni numeriche. Egli trova il minimo comune multiplo. Sa come ottenere la fiducia da entrambe le parti. Riattiva la comunicazione tra le parti, aprendo il canale della comunicazione. Si accerta che i messaggi siano recepiti secondo le intenzioni e riassume spesso i termini della questione, riepilogando i fatti. Aiuta i partecipanti a guardare ai possibili benefici che, attenzione, non sono soltanto di tipo economico, ma anche e soprattutto di diversa natura. Non emette sentenze, giudizi o lodi. Fa un utilizzo sapiente e attento del linguaggio verbale, paraverbale e non verbale, dando alla sua comunicazione un'efficacia del 100%. Fa attenzione a utilizzare lo stesso tono di voce per tutti, rivolge lo sguardo parimenti all'uno e all'altro e comunque a tutte le parti presenti nella seduta di mediazione. Utilizza la prossemica, quale disposizione degli attori e per l'utilizzo dello spazio a disposizione, a vantaggio del clima di conciliazione. Eviterà quindi disposizioni che prevedano una parte *contro* l'altra a favore di una parte *con* l'altra.

Il conciliatore è attento a considerare i problemi personali e la parte emozionale che interviene. Anzi, spesso, è proprio la possibilità che gli attori hanno di esprimere un disagio che sottintende a questioni di principio o a questioni morali, piuttosto che il soddisfacimento materiale, che fa sì che un conflitto possa essere risolto in fase di mediazione. Quando anche questo conflitto non venga risolto, ossia non si giunga a una conciliazione, avremo conseguito comunque un risultato importante: avremo stemperato i termini dello stesso e abbassato i toni della comunicazione conflittuale, mettendo in scena le motivazioni profonde all'origine della controversia. Il mediatore dà voce alle emozioni, le fa uscire, le fa sfogare, ma come un abile regista, che ha la sua sceneggiatura, è capace ad aiutare le persone a concentrarsi sul problema in modo razionale, esplorando le soluzioni possibili e oggettive.

SEGRETO n. 9: Il mediatore è una sorta di regista che dirige le parti e scrive la sceneggiatura del procedimento, dando spazio alle parti e consentendo di far uscire le motivazioni profonde alla base del conflitto.

Bisogna quindi certamente favorire l'empatia emotiva, ma anche guidarla e padroneggiarla, riportando la comunicazione su un territorio neutrale e razionale. Il conflitto nasce dall'incapacità di comunicare e di mediare tra posizioni contrapposte o comunque distanti. Le controversie possono riguardare risarcimenti per danni che derivano da transazioni economiche o possono riguardare relazioni tra persone. Le prime sono sicuramente più semplici da trattare e da risolvere: in queste, spesso, le persone non hanno più occasione di vedersi e l'oggetto della controversia è di tipo esclusivamente materiale. Va quindi negoziato soltanto in termini quantitativi e non entra nella sfera della qualità dei rapporti tra le parti in gioco.

I conflitti diventano difficili da gestire quando riguardano le relazioni tra le persone (parenti, colleghi di lavoro, vicini di casa), perché questi conflitti possono nascondere molto probabilmente ragioni di natura psicologica, quali invidie, rancori, ansie, frustrazioni, eventi del passato che possono anche non essere strettamente attinenti all'oggetto della mediazione.

Bisogna fare molta attenzione all'impatto emotivo di alcuni procedimenti di mediazione, come ad esempio quelli che riguardano il risarcimento danni in termini di responsabilità medica. Si tratta del risarcimento economico in caso di malasanità. In questi procedimenti bisogna affrontare il dolore dei parenti che, nel peggiore dei casi, hanno subito la perdita di una persona cara, o nella migliore delle ipotesi si tratta di affrontare il dolore di genitori o figli, i cui cari hanno subito una lesione permanente o danni gravi e invalidanti, o comunque un danno che ha compromesso l'integrità fisica.

Nella mia esperienza di mediazione, questi procedimenti a forte impatto emotivo sono particolarmente complessi per due ordini di motivi. Il primo riguarda il grosso carico di dolore che gli attori portano in gioco. Il clima di empatia che si viene a creare ci porta spesso a condividere dolore ed emozioni con la parte che ha subito il danno, facendoci perdere il carattere di neutralità che ci deve sempre distinguere. Nei corsi per mediatori, è capitato spesso che, nelle simulazioni in aula, le persone si immedesimassero così tanto nel ruolo, ed entrassero in empatia così forte con i personaggi, al punto di commuoversi. Questo ci lascia capire la complessità nel trattare alcuni argomenti.

Bisogna compensare, ma allo stesso tempo portare la comunicazione in zona neutrale e questo compito spesso non è facile. Una delle attivazioni di aula che utilizzo nella mia attività di docente prevede di descrivere uno dei momenti significativi della vita in un testo della lunghezza di una cartella circa. Poi chiedo alle persone di leggere ciò che hanno scritto davanti a un pubblico rappresentato dal resto dell'aula. In questi momenti tutti si rendono conto di quanto, nella pratica, sia difficile padroneggiare la sfera emotiva, di quanto le emozioni che sottendono al nucleo profondo della nostra personalità siano difficili da controllare. Alcuni, nel confidare davanti al pubblico il racconto di un momento intenso e significativo della loro vita, si commuovono, si emozionano; fra il pubblico, fra i discenti, futuri mediatori, adulti e professionisti spesso di consolidata e matura esperienza, vedo spesso occhi lucidi. Io stessa da esperta mediatrice devo sforzarmi di essere il regista che accoglie, compensa, soddisfa e riporta su zona neutra.

Il secondo motivo è altrettanto complesso: bisogna compensare con un risarcimento materiale un dolore immenso, un principio disatteso, un danno subito che ci ha causato disagi di natura psicologica. Questo è sempre uno dei passaggi più delicati che deve fare un mediatore. Nella mia esperienza, che comprende più di cento procedimenti di mediazione, i procedimenti di responsabilità medica sono i più delicati da trattare. Solitamente sulla scena di un procedimento di mediazione per risarcimento danni da responsabilità medica si avvicendano i seguenti attori:

- per la parte istante (o parte attivante la procedura di mediazione) sono presenti i parenti o il soggetto che ha subito il danno, un avvocato che rappresenta legalmente la parte e un consulente tecnico (che può intervenire anche in una fase successiva);

- per la parte aderente (o parte invitata in mediazione) sono presenti il rappresentante legale della struttura in cui si è verificato il danno, un avvocato che rappresenta legalmente la parte e un consulente tecnico (che può intervenire anche in una fase successiva).

Spesso unitamente alla struttura nella quale si è verificato l'evento dannoso è chiamata in causa anche la compagnia assicuratrice, che è presente singolarmente o unitamente alla struttura sanitaria. In questo caso la scena può comprendere veramente la presenza di un numero considerevole di attori e quindi rendere più complesso lo svolgimento del ruolo del regista-mediatore.

Lo schema della mediazione è il seguente:

- il mediatore svolge una prima seduta congiunta, durante la quale, dopo aver identificato le parti e aver quindi assegnato il ruolo a tutti gli attori, spiega i termini e i vantaggi della mediazione, riepiloga i fatti così come sono descritti nella domanda di mediazione presentata da parte istante. Poi chiede alle parti di esporre con parole proprie le ragioni della pretesa (parte istante) e le ragioni delle eventuali opposizioni (parte aderente). Nella seduta congiunta appare subito evidente la diversità di comunicazione delle parti, i legali e gli eventuali consulenti esporranno le loro ragioni con linguaggio tecnico e *freddo*, utilizzando l'eloquenza verbale e il ricorso al diritto come espressione della loro potenza. Ragionano spesso per posizione e utilizzano uno stile che possiamo definire (come vedremo anche in seguito) *competitivo*. Gli avvocati sono infatti competitivi, abituati a ragionare in termini di vincita e di perdita, utilizzano colpi di scena e azioni di disturbo, atteggiamenti in sintesi che non sono affatto concilianti. La parte istante, presente nella persona che ha subito il danno, o nei parenti della persona che ha subito il danno, utilizza un tipo di comunicazione che è sicuramente di tipo emotivo, non controllata e non schematizzata. La parte aderente è presente nella persona del rappresentante legale della struttura e utilizza una comunicazione che è altrettanto non controllata, non schematizzata e che è arroccata solitamente su posizioni a difesa del ruolo e della professione dei propri medici, oltre che del buon nome della struttura. In questa prima fase emerge subito la necessità di agire con sessioni di incontri che separino le parti e che diano modo a tutti i soggetti di esprimersi con piena soddisfazione;

- il mediatore svolge delle sessioni separate, nelle quali dà la possibilità alle parti di potersi esprimere anzitutto secondo la loro diversità linguistica, dando compensazione alle richieste di natura diversa;
- il mediatore può, successivamente decidere di sentire insieme le parti raggruppandole per competenza professionale e quindi ascoltare gli avvocati delle parti e/o i consulenti delle stesse.

Occorre essere preparati come mediatori, calibrarsi sulla competenza professionale, occorre quindi conoscere almeno cosa afferma il codice civile in merito all'argomento e alle richieste, oltre che avere dimestichezza con gli eventuali termini tecnici che sono propri della trattazione dell'argomento, anche dal punto di vista medico e legale. Con i tecnici (legali e consulenti) è più semplice la trattazione del risarcimento danni dal punto di vista strettamente economico, e la mediazione avviene con riferimenti all'applicazione di tabelle di riferimento dei diversi tribunali di competenza.

Molto complessa invece è la trattazione del risarcimento danni con la parte istante, soprattutto quando la stessa è rappresentata dai parenti del danneggiato (ad esempio nei casi per decesso o per l'affidamento dei minori): bisogna far accettare ai parenti una somma che compensi un dolore spesso incommensurabile. Il passaggio *sentimento pagato con denaro* è particolarmente complesso e richiede tutta l'abilità del mediatore.

A tal proposito voglio ricordare uno dei procedimenti di mediazione che hanno rappresentato, nella mia esperienza di conciliatrice, un momento di crescita professionale molto importante. Ricordo il procedimento di mediazione presentato da una signora alla quale si voleva far accettare un compenso in denaro per il risarcimento danni a fronte della morte del marito, causato da un intervento chirurgico. Nei casi di decesso bisogna quasi sempre ventilare, ove non sia già stata eseguita, la possibilità che venga disposto un esame autoptico. È stata necessaria tutta l'esperienza e l'empatia per spostare il problema del superamento del senso di colpa dovuto all'accettazione di qualcosa di materiale per un dolore immateriale e incommensurabile.

In questo caso occorre fare riferimento a parametri oggettivi (tabelle di risarcimento danni che intersecano variabili quali l'età, la professione, la speranza di vita) e spostare l'attenzione dal vantaggio per sé (personale, mercificato, quasi di vendita del trapasso del proprio congiunto) a quello per gli eredi, specialmente se sono figli. Occorre spostare l'attenzione sulla tutela e sul soddisfacimento di potenzialità per i soggetti coinvolti, che hanno una notevole importanza in termini di valore. Ad esempio, affermare che si potrà garantire il futuro ai figli o al coniuge facendo immaginare che è lo stesso defunto che, attraverso l'accettazione del denaro, in qualche modo continua a provvedere ai suoi cari.

Ricordo un altro procedimento di mediazione nel quale la parte istante era rappresentata da una coppia di genitori di un minore danneggiato al momento del parto, con conseguente deficit motorio all'arto superiore destro. Il passaggio delicato è stato quello di aver compreso che andava compensato il dolore per l'impossibilità del minore di svolgere attività sportiva a genitori sportivi che avevano sognato per il figlio un futuro nella stessa direzione. Si è proposta una visione diversa per il futuro del figlio (perché non avvocato o scrittore, ad esempio?) e si è fatto immaginare un percorso di vita in cui la compensazione in denaro avrebbe garantito al ragazzo la possibilità di studiare, e avere così un più facile inserimento nel mondo lavorativo.

I criteri oggettivi, quali i parametri offerti dalle tabelle dei tribunali competenti, ci sono utili per far accettare una cifra in denaro. L'abilità del mediatore consiste nel far immaginare, al posto del denaro, la possibilità di garantire una scuola di inglese, piuttosto che l'università, il master, lo stage e una brillante professione e/o una gratificante carriera.

Il mediatore deve fornire il suo aiuto ai soggetti coinvolti nella direzione dell'individuazione di parametri che soddisfino gli interessi delle parti con valori di riferimento oggettivi e riscontrabili, imparziali e applicabili. Occorre stabilire una comunicazione efficace e ottimale, essa riveste un ruolo cruciale per lo sviluppo delle soluzioni possibili. Grazie al ripristino del canale di comunicazione, le parti hanno la possibilità di esprimere il disagio e la possibilità di comunicare le proprie idee.

SEGRETO n. 10: I procedimenti di mediazione con risarcimento economico per eventi legati a danni alle persone hanno un carico emotivo e si differenziano, nella trattazione, da quelli legati a risarcimento economico per danni legati a una transazione. Essi hanno una maggiore complessità e richiedono riferimenti a dati e parametri oggettivi.

Se nelle dinamiche relazionali, sottese a una situazione conflittuale, investe fondamentale importanza, come abbiamo visto, il processo comunicativo, occorre chiedersi come si possano superare le barriere della comunicazione. Possiamo considerare le seguenti modalità. Anzitutto incoraggiare la conversazione: soprattutto nella prima fase d'incontro, occorre praticare una comunicazione attiva durante la quale fare una serie di domande che riguardano non soltanto l'argomento della mediazione, ma anche argomenti apparentemente futili o non inerenti. Ad esempio, se gli attori sono di sesso maschile, in uno dei momenti di pausa o preliminari, si può portare la conversazione sullo sport e cercare di trovare dei punti in comune. Se la vostra squadra del cuore ha vinto la sera precedente una partita importante, non esordite dicendo: «Ieri la mia squadra ha vinto contro la squadra xxx!» quanto piuttosto: «Ieri mi trovavo in macchina e le strade erano deserte. Preso dalle mie cose, non mi sono ricordato che in realtà c'era la partita del xxx!» Se le persone fanno il tifo per la stessa squadra, abbiamo raggiunto il nostro scopo. La condivisione di qualcosa fa sentire l'altro *simile a noi*. In psicologia sociale esiste la *regola del gradimento*: preferiamo accettare la richiesta di qualcuno che conosciamo e che ci piace, quindi noi mediatori dobbiamo essere percepiti come "simili a". Alla base di questa regola vi è il fatto che diamo più fiducia a coloro che consideriamo familiari o comunque simili a noi. La regola del gradimento ha una forza dilagante nella psicologia dell'individuo, molto più della forza di gravità in fisica. Immaginate la sua potenza.

Le barriere della comunicazione si superano anche attenendosi ai fatti: se e qualora siano state espresse motivazioni e/o ragioni nascoste all'origine del conflitto, occorre riportare l'attenzione sui fatti, utilizzando schemi, riassumendo. Evitando di far prevalere gli aspetti emozionali e praticando l'ascolto attivo, sarà più facile favorire l'empatia e riportare la comunicazione su terreno neutrale.

SEGRETO n. 11: le barriere della comunicazione si superano incoraggiando la conversazione, riportandola su fatti concreti e riportando le emozioni su terreno neutrale.

In quanto parte neutrale il mediatore si trova ad avere una posizione che possiamo definire "unica e fondamentale" all'interno di una situazione conflittuale. Egli, in quanto professionista preparato alla gestione dei conflitti e in quanto *regista*, ha l'opportunità di aiutare le parti a muoversi e a trasformare i propri atteggiamenti, passando da stati di rabbia, di debolezza o di forza a stati di comprensione e sensibilità anche nei confronti della controparte.

La mediazione può incidere sul modo in cui le parti trattano i loro rapporti di relazione. Bisogna riflettere su quelle che sono le vie di uscita da un conflitto. Al di fuori della mediazione il conflitto è visto come "il male" da sconfiggere all'interno di un'aula di tribunale, con la ferma volontà di uscirne vittoriosi e di sconfiggere l'avversario.

Nella mediazione il conflitto può essere visto addirittura come una risorsa per i rapporti interpersonali: il mediatore deve combattere l'indifferenza reciproca, la freddezza dei rapporti, la pretesa di avere ragione a tutti i costi. Il conflitto in sé non è né negativo, né positivo, è vero però che un conflitto gestito male può avere effetti molto negativi per le persone.

Se il nostro atteggiamento mentale nei confronti di un conflitto è quello di interpretarlo in termini negativi, allora non possiamo che auspicare che intervenga un'autorità giudiziaria che possa difenderci emettendo una sentenza che ci dia ragione. Non potendoci fare giustizia da soli, l'unico modo è affidarci a un giudice che ci dia torto o ragione. Tutto ciò sinceramente non riavvicina le parti in conflitto e non ristabilisce la comunicazione, anzi rafforza la contrapposizione, individuando un vincitore e un perdente. Il mediatore fa intravedere la possibilità di interpretare il conflitto come una risorsa e ribalta il termine da negativo a positivo. Vede il conflitto come un'opportunità di confronto tra le parti. Grazie al confronto tra le parti non sarà un giudice, terzo estraneo, seppur neutrale e competente, a individuare con una sentenza la soluzione di un conflitto.

Per la prima volta, e questo è un aspetto straordinario della mediazione, saremo noi, con il nostro accordo, a scrivere la "sentenza unica" che va bene per noi e che è stata scritta unicamente per noi.

SEGRETO n. 12: In mediazione il conflitto può essere visto non come evento negativo, bensì come una risorsa e opportunità di confronto tra le parti.

RIEPILOGO DEL CAPITOLO 3:

- SEGRETO n. 9: Il mediatore è una sorta di regista che dirige le parti e scrive la sceneggiatura del procedimento, dando spazio alle parti e consentendo di far uscire le motivazioni profonde alla base del conflitto.
- SEGRETO n. 10: I procedimenti di mediazione con risarcimento per eventi legati a danni alle persone hanno un carico emotivo e si differenziano, nella trattazione, da quelli legati a risarcimento economico per danni legati a una transazione. Essi hanno una maggiore complessità e richiedono riferimenti a dati e parametri oggettivi.
- SEGRETO n. 11: Le barriere della comunicazione si superano incoraggiando la conversazione, riportandola su fatti concreti e riportando le emozioni su terreno neutrale.
- SEGRETO n. 12: In mediazione il conflitto può essere visto non come evento negativo, bensì come una risorsa e opportunità di confronto tra le parti.

CAPITOLO 4:
Come creare un clima di fiducia: il rapport

Il mediatore si differenzia da qualsiasi ruolo già presente nel nostro sistema giuridico tradizionale. Non deve assolutamente essere confuso con un giudice togato né con un giudice di pace. Il mediatore è un soggetto neutrale, non emette giudizi e soprattutto non emette sentenze.

Un procedimento di mediazione non si chiude con una sentenza, bensì con un *accordo*. La sentenza non pone fine al conflitto, il verbale di accordo di una conciliazione sì. Il diritto adotta lo schema *win-lose* con un vincente e un perdente, il procedimento di mediazione adotta lo schema *win-win*, in cui sono soddisfatte tutte le parti in gioco. **L'avvocato vince, il mediatore convince, ossia vince-con**.

Quando parliamo di schema *win-win* ci viene spesso rivolta un'obiezione: in realtà c'è sempre una parte soccombente, che deve risarcire un danno a una parte vincente. L'abilità del mediatore consiste, anche e soprattutto, nel far percepire e vedere ciò che non è visibile nell'immediato.

In una negoziazione la classica immagine proposta è quella della *spartizione della torta negoziale*. Negli schemi classici negoziali, al momento della spartizione di una torta c'è sempre una delle parti che cerca di prendersi la fetta più grande. Un bravo mediatore deve invece adottare il criterio di *allargare la torta*, far intravedere e mettere sul tavolo della negoziazione tutti i possibili benefici. Avrà la possibilità di focalizzare l'attenzione su problematiche attinenti a quelle portate in mediazione, in modo da utilizzare queste ultime per risolvere le principali, creando un valore aggiunto. La procedura di mediazione può creare soluzioni innovative con l'intento di allargare la torta negoziale per dividerla più equamente tra le parti.

SEGRETO n. 13: La mediazione usa lo schema *win-win* con il soddisfacimento di tutte le parti. Il diritto usa lo schema *win-lose* con un vincente e un perdente.

Quando parliamo di benefici, occorre intravedere, oltre a quelli che derivano dallo specifico oggetto della negoziazione, quelli che rappresentano i punti forti che il legislatore italiano ha previsto proprio per dare una spinta alle ADR. Questi sono, è bene ricordare, la rapidità del procedimento (dalla presentazione della domanda il procedimento si chiude al massimo in quattro mesi), le esenzioni fiscali e la riservatezza.

Le esenzioni fiscali sono applicabili a:

- tutti gli atti, documenti e provvedimenti relativi a un procedimento di mediazione, che sono esenti dall'imposta di bollo e da ogni spesa, tassa o diritto;
- il verbale di accordo, sottoscritto dalle parti e dal mediatore, che è esente dall'imposta di registro entro i 50.000 euro. Al di sopra di questa soglia l'imposta è dovuta solo per la parte eccedente i 50.000 euro;
- le parti che accedono alla mediazione, cui viene riconosciuto un credito di imposta da scontare sull'indennità fino a 500 euro in caso di successo della mediazione, e ridotto della metà in caso di insuccesso.

Per quanto riguarda la riservatezza, le dichiarazioni e le

informazioni rese nel corso della mediazione saranno inutilizzabili e il mediatore non potrà essere sottoposto, in caso di giudizio, a nessuna prova testimoniale sulle dichiarazioni, informazioni e i fatti acquisiti durante il procedimento. Con queste premesse possiamo fornire uno schema di ciò che un mediatore deve eseguire nella procedura di mediazione. Innanzitutto il mediatore accoglie le parti e provvede a indicare le diverse posizioni che le stesse devono occupare in sede di Camera di Conciliazione. Saluta e ringrazia le parti per essere convenute e fa il suo discorso che può seguire il seguente schema:

- presenta la sua persona, stringendo la mano a ognuno e comunica il suo titolo di mediatore con il proprio nome e cognome, specificando di essere stato nominato dall'organismo di mediazione e di aver accettato di occuparsi dell'attuale procedimento di mediazione;
- evidenzia che il suo è un ruolo *imparziale*, *neutrale* e *indipendente*, rilevando di non avere nessun interesse personale riguardo l'esito della controversia e/o di una eventuale conciliazione, e di non aver avuto in passato nessun rapporto di tipo personale o di lavoro con nessuna delle parti impegnate nel procedimento di mediazione;

- avverte le parti che tutto il procedimento di mediazione avrà il vincolo dell'assoluta riservatezza, che nessuna informazione o dichiarazione ricevuta potrà essere utilizzata in un successivo giudizio, e che il mediatore non potrà essere chiamato a testimoniare in quanto tenuto al segreto professionale;
- evidenzia che il suo ruolo non è quello di un giudice, che non emetterà sentenze, bensì che il suo ruolo ha una *funzione semplificativa* dell'eventuale accordo. Egli ha lo scopo di aiutare le parti a individuare con precisione e completezza i rispettivi interessi e a conciliarli in un accordo che sia di massima soddisfazione per entrambe le parti;
- informa le parti delle fasi e delle modalità della procedura, specificando che potrà sentirle in sessione congiunta o separata, che il procedimento di mediazione non prevede nessuna formalità, che l'accordo può prevedere anche soluzioni di tipo creativo, che l'accordo eventuale deve essere formalizzato in un verbale, che su richiesta anche di una sola delle parti può essere omologato presso il tribunale competente e diventare titolo esecutivo;
- avverte che egli, qualora non si giungesse a un accordo, su richiesta di anche una sola delle parti, e qualora ritenesse di

avere elementi sufficienti, può formulare una proposta di conciliazione della quale il giudice potrà successivamente tenere conto in sede di provvedimento, inerente le spese di giudizio;

- verifica infine che le parti abbiano compreso le informazioni fornite, risponde a eventuali domande e chiarisce gli eventuali dubbi.

Questo è in sintesi lo schema procedurale che si deve seguire in un procedimento di mediazione. Suggerisco di fare una check-list degli argomenti che si vogliono trattare e di seguire lo schema che abbiamo pianificato nella nostra strategia di mediazione.

SEGRETO n. 14: un mediatore deve avere una sua check-list o lista di controllo, che è uno strumento che gli consente di dare il migliore ausilio possibile alle parti in mediazione.

Memorizzate i nomi degli astanti e quando vi rivolgete a loro chiamateli per nome, è uno stratagemma che induce i vostri interlocutori a ritenere che abbiate dedicato loro la massima attenzione.

Bisogna poi utilizzare alcuni strumenti della comunicazione che sono leve potentissime per la loro efficacia. Questi sono la *calibrazione*, il *ricalco* e la *guida.* Le relazioni sono importanti per costruire accordi e per conseguire il successo in ogni campo. Quando due o più persone interagiscono, generano un'atmosfera di reciproca comprensione e fiducia, creando un ambiente in cui può facilmente affermarsi una comunicazione sintonica e congruente (con i tre livelli di comunicazione, verbale, paraverbale e non verbale, in sintonia tra di loro).

Il *rapport* indica la capacità di comprensione del mondo altrui, di condivisione e accettazione dei valori, dei criteri e delle credenze della persona con cui stiamo comunicando. Stabilire dei rapport significa incontrare le persone sul loro terreno, in modo da creare una connessione. Gli strumenti del rapport sono la calibrazione e il ricalco.

Calibrare significa creare uno stato d'animo adeguato osservando la fisiologia altrui e il modo di utilizzare la voce. Attraverso uno strumento quale la calibrazione, riusciamo a distinguere i diversi stati mentali (è arrabbiato, stanco, triste, allegro, sfiduciato) di un individuo, possiamo controllarli, modificarli e indirizzarli verso lo stato che noi vogliamo (quello della conciliazione), che è sicuramente migliore rispetto a quelli in cui lo abbiamo trovato.

Nel pieno di un conflitto le persone tendono a rimanere "fissate" al *momento attuale*, ossia allo stato mentale del disagio causato dal conflitto, cercando in loro la motivazione, le cause che li hanno condotti a quella situazione di disagio, e utilizzano i tre livelli di comunicazione per trasmettere in maniera potente una situazione attuale di disagio, litigando e ascoltando soltanto i loro monologhi. Attraverso la calibrazione, dobbiamo lentamente portare la persona, guidandola in maniera inconsapevole, a uno stato desiderato che è sicuramente migliore rispetto a quello in cui l'abbiamo trovata.

La calibrazione può essere verbale e fisiologica. In quella verbale, ad esempio, rispondere con un tono di voce calmo, pacato e tranquillo a una persona che utilizza (per il suo stato d'animo particolare) un tono di voce alto, acuto, con ritmo e respirazione veloce, induce il nostro interlocutore ad adottare per riflesso uno stato d'animo più simile a quello adottato da noi. Attenzione però che la calibrazione verbale avvenga per gradi, ossia facciamo in modo che le persone ci avvertano a primo impatto sintonici e non distonici. Se ci troviamo di fronte a una persona tendente alla depressione non possiamo approcciarla con un tono di voce alto, allegro, sostenuto, energico, vigoroso. Dobbiamo iniziare a comunicare con un paraverbale pacato e allo stesso tempo deciso, rassicurante e lento, e poi calibrare la voce verso lo stato della positività e dell'ottimismo.

Nella calibrazione fisiologica dobbiamo invece tenere conto dei seguenti elementi:

- la postura del corpo;
- la posizione delle gambe: allargate, unite o accavallate;
- la posizione delle braccia: conserte, distese lungo il corpo, allargate, unite dietro, rigide;
- la posizione delle mani: chiuse, aperte o intrecciate tra loro;
- la posizione delle spalle: dritte, spostate in avanti o all'indietro, in alto o in basso;
- la posizione della testa: eretta, spostata di lato o china in avanti;

- la mimica facciale: occhi, bocca, tensione dei muscoli;
- la colorazione del viso e le sue variazioni;
- la respirazione: lenta, veloce, alta (toracica), media, bassa (addominale).

Possiamo calibrarci con l'altra persona anche fisiologicamente: ci facciamo percepire come sintonici se adottiamo, ad esempio, la stessa postura del corpo, la stessa posizione delle gambe e delle mani. Noi stessi attraverso la fisiologia riusciamo a interpretare l'altro e possiamo percepire una distonia tra linguaggio verbale e non verbale, che ci fa percepire l'altra persona come *falsa*, *non congruente*.

Senza avere nessuna pretesa di completezza, ma semplicemente per scendere a un livello ancora più profondo d'interpretazione del linguaggio non verbale, possiamo individuare dieci elementi fondamentali del linguaggio del corpo. Essi sono:

- *la posizione del busto e l'angolazione del corpo*: una persona tende infatti a raddrizzare il busto se è interessata, mentre si accascia se è demotivata o stanca e vuole semplicemente recuperare energie;

- *il volto e i suoi cambiamenti*: bisogna prestare attenzione non soltanto alla mimica facciale, ma anche al colore della pelle, al pallore o alla colorazione, perché sono tutti segnali che manifestano delle emozioni;
- *la respirazione*: attraverso il ritmo del respiro e attraverso l'individuazione della parte del corpo che la genera (toracica o addominale), possiamo individuare lo stato d'animo del nostro interlocutore;
- *i movimenti degli arti superiori*: se gesticoliamo ampiamente rileviamo di essere a nostro agio, viceversa una posizione con le braccia rigide, o con i gomiti appoggiati al corpo, indica uno stato difensivo;
- *i movimenti degli arti inferiori*: le gambe incrociate indicano un rifiuto, con i piedi appoggiati paralleli si manifesta la volontà di collaborare, se invece le gambe sono distese rivelano disimpegno, se sono annodate indicano timore;
- *i movimenti delle mani e delle dita*: sono rivelatori di stati di ansia (dita contratte o unghie rosicchiate) o di apertura verso l'altro (ad esempio porgere la mano con il palmo rivolto verso l'alto);
- *gli auto-contatti*: servono da auto-incoraggiamento nei

momenti di tensione o di stanchezza interna;

- *lo sguardo*: è particolarmente rilevatore, infatti può essere sfuggente, rivolto verso il basso, indiretto, smarrito, impaurito, allegro, triste;
- *l'inclinazione del capo*: può rilevare il proprio stato d'animo; quando il capo viene leggermente piegato da un lato, la persona che lo fa sta ascoltando con attenzione o vuole essere seduttivo nei confronti dell'altro;
- *il sorriso*: è il primo segnale, apre il canale di comunicazione insieme allo sguardo, rappresenta la prima manifestazione delle nostre emozioni; in realtà può essere anche un segnale ingannevole se non è sintonico con lo sguardo.

Per quanto riguarda invece la voce, è possibile osservare:

- *volume*: alto/basso, valori intermedi;
- *tempo/ritmo*: velocità/lentezza dell'eloquio;
- *timbro*: caratteristiche individuali della voce (gutturale, nasale, soffocata).

Ricalcare significa andare incontro al nostro interlocutore, stabilire una relazione con lui, mandare un messaggio a livello conscio e inconscio che dice: «Ti capisco perché sono come te». Il rapport (che avviene attraverso la calibrazione verbale ed extraverbale) serve sostanzialmente ad agganciare la persona al fine di effettuare la guida. Dopo aver agganciato il nostro interlocutore, con la creazione del rapport verificheremo di essere sempre in sintonia e cercheremo di *guidare la persona in maniera sottile e impercettibile*, per esempio alterando il ritmo della respirazione, lo sguardo, il tono della voce, la postura, così incontreremo la persona nel suo modello del mondo, la ricalcheremo e la guideremo verso uno *stato desiderato.* La guida avviene anche attraverso il ricalco extraverbale o il rispecchiamento.

Rispecchiare significa riprodurre la fisiologia, il modo di usare la voce della persona con cui si sta parlando, infatti il ricalco extraverbale avviene a livello non verbale e paraverbale: il nostro corpo parla attraverso la gestualità, la mimica facciale, la prossemica, la respirazione, il look, la postura. Dobbiamo ricalcare in maniera consapevole fino ad armonizzarci completamente, seguendo il ritmo e non copiando pedissequamente i gesti (è sufficiente copiare il 50%, al massimo l'80% della gestualità del nostro interlocutore, facendo attenzione a non riprodurre esattamente i movimenti, evitando lo *scimmiottamento*). Con il rispecchiamento si entra in sintonia, generando fiducia e distensione. Il ricalco è adottato a livello inconscio nella vita, esso consiste nell'essere simili ed è la tecnica numero uno per creare rapport, ossia sintonia istantanea per tutti.

SEGRETO n. 15: Il rapport crea un clima di fiducia e di reciproca comprensione. Maggiore è il rapport, maggiore è l'influenza che un mediatore può esercitare. Attraverso il ricalco e il rispecchiamento creiamo un ambiente in cui possiamo guidare ed esercitare la nostra influenza.

RIEPILOGO DEL CAPITOLO 4:

- SEGRETO n. 13: La mediazione usa lo schema *win-win* con il soddisfacimento di tutte le parti. Il diritto usa lo schema *win-lose* con un vincente e un perdente.
- SEGRETO n. 14: Un mediatore deve avere una sua check-list o lista di controllo, che è uno strumento che gli consente di dare il migliore ausilio possibile alle parti in mediazione.
- SEGRETO n. 15: Il rapport crea un clima di fiducia e di reciproca comprensione. Maggiore è il rapport, maggiore è l'influenza che un mediatore può esercitare. Attraverso il ricalco e il rispecchiamento creiamo un ambiente in cui possiamo guidare ed esercitare la nostra influenza.

CAPITOLO 5:
Come progettare una mediazione e lo stile del mediatore

Il diritto tende a omologare le persone: la legge è uguale per tutti. Spesso una sentenza non è quella giusta per il nostro specifico caso e non elimina il conflitto.

La negoziazione fa risaltare le persone. Un buon accordo soddisfa tutte le parti ed elimina il conflitto. Bisogna negoziare in maniera sartoriale, ogni procedimento è un abito fatto su misura. Occorre ogni volta creare trattative su misura per le persone, perché una stessa tecnica può funzionare bene per una persona e non funzionare per un'altra.

Una mediazione non s'improvvisa mai, se un mediatore pensa di affidarsi esclusivamente al proprio intuito è sicuramente votato all'insuccesso. Il mediatore è un professionista che ha bisogno di continui aggiornamenti e di una solida cultura generale. Le materie della conciliazione sono tante, rappresentano l'80% del ramo civile e se dovessimo essere competenti in ognuna, dovremmo essere delle enciclopedie viventi. Questo dato serve a sottolineare che ogni procedimento di mediazione va preliminarmente studiato ed esaminato a fondo. Bisogna avere una strategia e una pianificazione. Possiamo individuare due fasi fondamentali:

- pianificazione;
- scambio di informazioni.

Una buona *pianificazione* aiuta moltissimo in una trattativa. È fondamentale sapere il valore da attribuire in partenza alla mediazione, decidere la strategia da utilizzare e modellarsi sulle persone che si hanno di fronte. Nel pianificare bisogna innanzitutto comprendere quali sono i benefici che la persona con cui tratti intende raggiungere.

In una negoziazione *win-win* è fondamentale scoprire innanzitutto i desideri di tutte le parti in gioco, ponendo molte domande e se questi stessi desideri non sono chiari, neanche alle parti stesse, occorre guidarle, facendo in modo che questi emergano. I risultati migliori dipendono dal vostro grado di preparazione e dalla motivazione e credibilità che ci metterete. Conoscere e saper scegliere le strategie negoziali più appropriate in base alle circostanze e alle peculiarità del procedimento, negoziare in maniera sartoriale e non per omologa, scoprire i desideri delle parti, allargare la torta è un compito impegnativo e indispensabile per un professionista della mediazione.

Bisogna essere esperti di comunicazione: nella conciliazione si ristabilisce una comunicazione interrotta tra le parti e si guidano queste su un terreno neutrale, dove vige la cultura della pace e della mediazione, a discapito di quella del conflitto e della lite. Lo scopo della pianificazione, anche in una trattativa molto semplice, è preparare una strategia secondo la situazione in cui ci si trova.

SEGRETO n. 16: Il procedimento di mediazione può essere visto come un abito cucito su misura: nel suo confezionamento, bisogna considerare indispensabili una strategia e una pianificazione del procedimento.

Possiamo analizzare quattro tipi di situazioni, che in maniera schematica racchiudono le diverse tipologie di negoziazione che possiamo trovare nei diversi procedimenti. Esse si differenziano per il grado di complessità:

- coordinamento tacito;
- transazione;
- relazioni interpersonali;
- equilibrio tra relazioni interpersonali e transazioni di natura economica.

Abbiamo una situazione di *coordinamento tacito* quando il conflitto sulla posta in gioco è molto basso ed è scarsa la possibilità che ci possano essere future occasioni di continuare ad avere relazioni con quella persona. È il caso, ad esempio, del parcheggio di un'automobile: immaginiamo di arrivare entrambi in prossimità di un parcheggio auto, ma che il posto in cui possiamo lasciare in sosta la nostra automobile sia unico e che insieme a noi si stia avvicinando contemporaneamente un altro automobilista. Cosa facciamo? Guardiamo l'altra persona per stabilire un contatto, poi solitamente uno dei guidatori fa un cenno all'altro. La posta in gioco è veramente molto bassa e avremo delle scarsissime possibilità di relazionarci di nuovo con lo stesso automobilista.

La *transazione* è invece una situazione negoziale in cui l'oggetto conteso è importante, ma non la relazione tra le parti. La vendita di un oggetto, di una casa o di un terreno, le acquisizioni e molti affari economici sono oggetto della transazione.

Le *relazioni interpersonali* sono quelle situazioni negoziali in cui le relazioni tra le parti sono spesso più importanti dell'oggetto conteso (è il caso delle successioni ereditarie, dei rapporti tra vicinato o tra colleghi di lavoro). Le persone devono conservare i rapporti tra loro e il conflitto nasconde spesso altre ragioni. In questo tipo di negoziazione, il mediatore deve fare attenzione affinché le parti si trattino bene tra di loro, deve stabilire le regole dell'incontro e porre dei limiti alla condotta delle parti nel corso della trattativa.

Quando parliamo di *equilibrio tra i diversi fattori* inerenti sia i rapporti personali che l'oggetto della contesa, facciamo riferimento a negoziazioni in cui si mira a ottenere il massimo vantaggio, mantenendo le relazioni tra le parti. Il mediatore deve far sì che le parti possano anche cedere sull'oggetto della contesa, pur di mantenere delle buone relazioni.

SEGRETO n. 17: Esistono diversi tipi di negoziazione che si differenziano per complessità in relazione all'oggetto del contendere. Quanto più nell'oggetto del conflitto sono presenti le relazioni con le persone, tanto più complesso sarà il procedimento.

La seconda fase è quella dello scambio di informazioni. Durante questa fase possiamo vedere in azione i fondamenti della comunicazione efficace: mostriamo il nostro stile, comunichiamo i nostri scopi, cerchiamo di scoprire gli interessi delle parti, verifichiamo le nostre opinioni sull'argomento, facilitiamo i rapporti interpersonali e comunichiamo gli assunti che sono alla base del potere negoziale.

Lo scambio delle informazioni ha quattro funzioni principali:

- stabilire un rapporto tra le parti;
- determinare gli interessi delle parti coinvolte;

- segnalare le aspettative delle parti coinvolte;
- evidenziare il potere negoziale e il ruolo del mediatore.

La prima cosa di cui bisogna occuparsi nello scambio di informazioni è l'atmosfera e gli stati d'animo al tavolo negoziale: costruire un buon rapporto rappresenta l'aspetto più importante del processo negoziale. Avvicinatevi, guardate negli occhi e sorridete. Il saluto è un modo efficace e piacevole per aprire un canale di comunicazione.

Un metodo per stabilire rapporti personali, empatia, rapport, consiste nel trovare interessi in comune, passioni o esperienze passate da condividere. Se riconosciamo nell'altro interessi comuni, siamo propensi a pensare che è simile a noi e preferiamo accettare la sua proposta.

In una negoziazione il potere delle informazioni non va assolutamente sottovalutato. Dobbiamo cercare di astrarre dalla conversazione delle informazioni che ci possano portare al sistema di credenze e valori dell'individuo. Se riusciamo a far passare il fatto di condividere dei valori, siamo entrati in sintonia, abbiamo creato un rapporto profondo; riusciremo a farci accettare come *persone-amiche* e, cosa più importante, riusciremo a far accettare le nostre proposte.

I migliori negoziatori fanno domande, verificano se gli interlocutori hanno capito, riepilogano le discussioni e praticano l'ascolto attivo (quella forma di ascolto praticata nella comunicazione consapevole e strategica). Ascoltare è segno di rispetto e cattura l'attenzione altrui. Fa capire quali sono gli interessi delle parti. Facciamo domande per facilitare lo scambio di informazioni e per scendere nell'area affettiva/emozionale. Il negoziato riguarda le persone e i loro bisogni, interessi, obiettivi. I rapporti interpersonali creano fiducia tra le persone, sciolgono la tensione, migliorano la comunicazione, possono aiutarci a raggiungere i nostri obiettivi. Con la fiducia gli accordi vanno a buon fine.

Se abbiamo deciso di intraprendere la professione di mediatori/conciliatori, dobbiamo partire dalla piena consapevolezza innanzitutto di noi stessi, e di come noi ci comportiamo nelle situazioni conflittuali. È un punto fondamentale, perché il nostro modo di essere e di relazionarci nei rapporti conflittuali influenzerà il nostro comportamento e il nostro modo di negoziare nelle situazioni conflittuali.

SEGRETO n. 18: Il nostro modo di essere influenzerà il nostro modo di negoziare in un conflitto. Scoprire lo stile di negoziazione è la base di partenza, rappresenta il substrato emotivo dal quale partire e con il quale dobbiamo affrontare la negoziazione.

Ognuno di noi, quindi, ha un temperamento e un modo di avvicinarsi a quelle che sono le situazioni conflittuali. Questa deve essere la nostra base di partenza e, come dice un proverbio cinese, «Ognuno faccia il pane con la farina che ha a disposizione».

Il modo in cui gli individui affrontano i conflitti è stato analizzato in diverse ricerche psicologiche. Queste hanno raggruppato il modo di interagire nei conflitti in cinque atteggiamenti principali:

- accomodante;
- arrendevole;

- cooperativo;
- competitivo;
- salomonico.

Proviamo a pensare qual è il nostro comportamento di fronte all'imposizione di compiere una scelta nel minor tempo possibile, sapendo che da questa scelta può derivare un enorme vantaggio o svantaggio per noi stessi.

Una persona *arrendevole* ha un'avversione per la competizione e cerca di rifuggire dai conflitti. In ogni occasione preferisce la pace ed è disposta a cedere o a rinunciare pur di non entrare in una situazione di tipo conflittuale. I *salomonici* sono quelle persone che di fronte a una scelta possono accettare anche una proposta meno vantaggiosa, pur di conservare il rapporto con gli altri. Tendono a individuare una soluzione che possa soddisfare in maniera paritaria le parti e assumono sempre una posizione mediana in una controversia. Le persone *accomodanti* cercano di risolvere i conflitti trovando la soluzione giusta anche per l'altro e se l'altro non è riconoscente, sono comunque disposti a cedere. In queste persone c'è la ricerca della soluzione, che prevale sulla scelta più conveniente. I *competitivi* amano vincere e cercano il massimo vantaggio, sono disposti a ogni cosa. Pur di ricevere la soddisfazione dei loro interessi, sono disposti a rinunciare alla conservazione dei rapporti personali. L'ultimo stile è quello più auspicabile in una mediazione: si tratta della cooperazione. Il *cooperativo* è la persona che, piuttosto che dividere, cerca di massimizzare il profitto. Il cooperativo cerca nel procedimento di mediazione di allargare la torta per servire una fetta più grande a tutte le parti, piuttosto che cercare di prendere la fetta più grande.

Ognuno di noi può riconoscersi in uno di questi stili o può ritenerne consono al suo temperamento anche più di uno, e sicuramente saprà anche quale di questi lo mette a disagio. In sintesi, il nostro temperamento, il nostro atteggiamento naturale nei confronti del conflitto, costituisce il substrato emotivo con il quale dobbiamo affrontare la negoziazione in un procedimento di mediazione.

Lo stile cooperativo è il migliore come tecnica di negoziazione, ma non è sicuramente il più immediato e richiede approfondimenti e abilità comunicative. Lo stile salomonico appartiene a molte persone e funziona bene in diverse occasioni. Lo stile accomodante può funzionare bene se ci troviamo in un ambiente favorevole e amichevole, in caso contrario potremmo essere sopraffatti da persone arrabbiate e autoritarie.

Lo stile competitivo può essere molto aggressivo e per questo può vincere, le persone competitive adorano vincere, molti avvocati sono competitivi (adottano lo stile *win-lose*). Lo stile arrendevole può, nonostante quello che si pensi, non essere dei più semplici da trattare in una negoziazione. Le persone arrendevoli sono cortesi e hanno tatto, ma possono non essere i soggetti più facili da trattare perché rifiutano di affrontare situazioni conflittuali e quindi possono rinunciare piuttosto che negoziare. In sintesi:

- **il competitivo**: è esperto nell'usare tattiche estreme con ultimatum, colpi di scena, scambi di accuse e controaccuse, pugni sul tavolo, strategie di fatto irritanti e spesso non comunicative. Ai competitivi piace dominare le trattative, esordire con richieste esorbitanti, usare minacce o ultimatum e, in casi estremi, abbandonare il tavolo delle trattative per dimostrare che è disposto a tutto per perseguire i suoi obiettivi. Il competitivo non è considerato un negoziatore efficace;

- **il cooperativo**: cerca di risolvere il problema analizzando gli interessi e sforzandosi di trovare la soluzione migliore tra le molteplici alternative, mediante il ricorso a standard che sono ritenuti generalmente equi. Lo stile cooperativo è il più complesso da mettere in atto, ma diversi esperimenti hanno dimostrato che sono considerati negoziatori più efficaci coloro che utilizzano l'approccio cooperativo, piuttosto che quello competitivo o altro. Le persone cooperative possono diventare negoziatori molto efficaci ed essere degli ottimi mediatori/conciliatori;
- **l'accomodante**: è la persona che trova immediatamente la soluzione, per cui sono più importanti le relazioni tra le persone piuttosto che l'oggetto della negoziazione. È disposta a cedere anche vantaggi personali pur di uscire dai conflitti. In una situazione particolarmente ostile o aggressiva, cede e può non giungere a un accordo;
- **l'arrendevole**: ha avversione per le competizioni, cerca di eludere le situazioni di aperta ostilità. Di fronte al competitivo rinuncia al conflitto e non entra neanche in un procedimento di negoziazione, rinunciandovi a priori;

- **il salomonico**: è una persona equa, interessata a conservare relazioni costruttive con gli altri. Tende a favorire accordi paritari. Non ama la contrattazione, ma neanche la evita ad ogni costo. Cerca soluzioni veloci, ragionevoli ed equilibrate ai problemi negoziali.

SEGRETO n. 19: Lo stile di negoziazione più efficace in una negoziazione è quello cooperativo, per cui si mira a ottenere il massimo vantaggio, allargando la torta negoziale e mantenendo delle buone relazioni tra le parti.

Per diventare un bravo mediatore sono necessarie molte qualità, tra cui buona memoria, buona dialettica, capacità di sopportare lo stress, abilità nel trattare la parte emozionale che ha un ruolo predominante in un conflitto. I migliori negoziatori hanno cinque caratteristiche fondamentali:

- volontà di prepararsi (pianificazione ed elaborazione di una strategia per lo specifico procedimento di mediazione);
- aspirazione a raggiungere obiettivi precisi (individuano criteri oggettivi e parametri di riferimento, conoscono e quantificano il valore della controversia);

- disponibilità all'ascolto (praticano l'ascolto attivo, osservano il linguaggio del corpo e il paraverbale);
- onestà (conoscono e praticano il valore etico della mediazione quale elemento fondamentale della cultura della pace a discapito di quella del conflitto);
- esperienza nelle tecniche di comunicazione (praticano la comunicazione strategica e consapevole).

Riassumendo, i comportamenti giusti nello stile negoziale sono i seguenti. Capite il vostro stile negoziale e partite da quello perché rappresenta il vostro substrato emotivo. Pianificate la negoziazione e preparatevi, studiando l'argomento e trovate tutti i riferimenti nomativi (una proposta di mediazione non deve essere contraria alle norme imperative e all'ordine pubblico). Abbiate obiettivi chiari e aspettative ambiziose. Prefissatevi, ogni volta, in un procedimento di mediazione, di giungere sempre a una conciliazione, ossia a un accordo. Affinate le capacità di ascolto e cogliete i microsegnali della comunicazione. Siate onesti, la mediazione è un'attività con contenuti etici. Siate persuasivi: ciò che persuade sarà la passione e la motivazione che ci metterete.

Nello scoprire gli interessi di parte e controparte, usate il *come* e non il *perché*. Spostate l'attenzione sul problema e allontanatelo dalle persone. Spostate l'attenzione dall'oggetto della contesa alla sua soluzione. Usate il perché solo di fronte a situazioni positive o assertive, in quanto le approfondisce.

Siate concreti e oggettivi. La chiarezza allontana la confusione nelle trattative e nelle dinamiche relazionali. Cercate dei parametri oggettivi e riscontrabili, delle regole, delle tabelle alle quali fare riferimento nel quantificare un accordo. Prepararsi a supportare con delle argomentazioni riscontrabili le proprie posizioni conferisce autorevolezza, e ciò è particolarmente utile se, ad esempio, si è giovani e si ha poca esperienza professionale. La mediazione si chiude con un verbale di avvenuta o non avvenuta conciliazione. Il contenuto del verbale è deciso dalle parti, con l'ausilio solo "tecnico" del mediatore, di modo che esse possano, anche in sede di verbale, accordarsi su come impegnarsi per il futuro.

Il procedimento di mediazione può veramente contribuire a stemperare il crescente grado di conflittualità e la figura del mediatore quale esperto di tecniche di negoziazione e di comunicazione può essere vista come figura professionale di valore non soltanto tecnico, ma soprattutto etico.

SEGRETO n. 20: I mediatori devono possedere i seguenti requisiti: volontà di prepararsi, obiettivi precisi, disponibilità all'ascolto, onestà. Sono infine esperti di tecniche di comunicazione e negoziazione.

RIEPILOGO DEL CAPITOLO 5:

- SEGRETO n. 16: Il procedimento di mediazione può essere visto come un abito cucito su misura, bisogna considerare indispensabili nel suo confezionamento, una strategia e pianificazione del procedimento.
- SEGRETO n. 17: Esistono diversi tipi di negoziazione che si differenziano per complessità in relazione all'oggetto del contendere. Quanto più nell'oggetto del conflitto sono presenti le relazioni con le persone, tanto più complesso sarà il procedimento.
- SEGRETO n. 18: Il nostro modo di essere influenzerà il nostro modo di negoziare in un conflitto. Scoprire lo stile di negoziazione è la base di partenza, rappresenta il substrato emotivo dal quale partire e con il quale dobbiamo affrontare la negoziazione.
- SEGRETO n. 19: Lo stile di negoziazione più efficace in una negoziazione è quello cooperativo, nel quale si mira a ottenere il massimo vantaggio, allargando la torta negoziale e mantenendo delle buone relazioni tra le parti.

- SEGRETO n. 20: I mediatori devono possedere i seguenti requisiti: volontà di prepararsi, obiettivi precisi, disponibilità all'ascolto, onestà. Sono infine esperti di tecniche di comunicazione e negoziazione.

Conclusione

L'Istituto della mediazione rappresenta una grossa opportunità e una sfida per il nostro paese. È stata vista in maniera avversa dal mondo della giurisprudenza di tipo tradizionale, perché è considerata, a torto, un sistema alternativo di giustizia.

In realtà la partita viene giocata prima di arrivare in sede di procedimento giudiziale, *non è* un'alternativa alla giustizia, ma come dice l'acronimo ADR è un sistema di Risoluzione Alternativo delle Dispute e quindi è **un'alternativa al conflitto**. Questo è il motivo per il quale il legislatore italiano ha inteso dare la possibilità a tutti i laureati di accedere a questa professione.

Come abbiamo visto, non occorrono specifiche competenze di diritto, la "partita della mediazione" si gioca sul piano della comunicazione, che deve essere svolta in maniera consapevole, adoperando le strategie del comunicatore professionista. Si gioca sulle tecniche di negoziazione, occorre riconoscere il proprio stile nelle situazioni di conflitto, partire da esso e allenarsi a utilizzare uno *stile cooperativo* che è considerato il migliore nelle tecniche di negoziazione. Partire dalla mediazione per arrivare a una conciliazione.

La professione del conciliatore, oltre a rappresentare un'interessante prospettiva di lavoro, in quanto nei paesi in cui si è diffusa dal 1970 ha sviluppato livelli di business di massimo rispetto, va anche intesa nei suoi risvolti etici. Vedere il conflitto non come un male da sconfiggere in sede di giudizio, ma come una risorsa per stabilire delle relazioni che ci consentano di considerare le situazioni da *tutti e i diversi punti di vista* è un modo positivo di affrontare il disagio che può derivare da una situazione conflittuale. Un accordo è sempre positivo, una sentenza sicuramente sarà vista come negativa da almeno una delle parti.

Credo che l'istituto della mediazione abbia anche una grande valenza sociale: sposta il *focus* dall'aspetto puramente materiale a quello relazionale. Il mediatore non persuade ma convince, ossia vince-con, e questo è forse veramente ciò che possiamo auspicare per questo nuovo modo di affrontare i giudizi in una sede diversa da quella tradizionale. Anche la giustizia tradizionale ne esce arricchita e *purificata*: le scale dei tribunali ingolfate da faldoni con procedimenti di risarcimenti per danni costituiscono un'immagine che veramente ci auguriamo di non vedere più.

Ci giochiamo questa scommessa per ribaltare la classifica che ci vede al quarto posto fra i paesi più litigiosi in Europa, possiamo farcela e mi auguro che questo corso possa farci avvicinare e appassionare a questa bellissima e nuova professione. Le persone di successo hanno dei *noblesse goals*, degli obiettivi nobili, che rendono le loro performance più incisive rispetto a quelle degli altri. La professione del mediatore, nel suo aspetto etico, può essere vista nell'ottica del soddisfacimento di questo tipo di obiettivi.

www.ingramcontent.com/pod-product-compliance
Ingram Content Group UK Ltd.
Pitfield, Milton Keynes, MK11 3LW, UK
UKHW022014190726
13853UKWH00005B/1934

9 788861 745025